Remerciements :
Je dédie ce livre à ma femme, à ma famille, à mes amis et à tous les ados qui, je l'espère, y trouveront les réponses à toutes leurs questions.

© 2013, Emmanuel Malot
Edition : BoD - Books on Demand
12/14 rond-point des Champs Elysées, 75008 Paris
Imprimé par Books on Demand GmbH, Norderstedt, Allemagne
ISBN : 9782322034123
Dépôt légal : Octobre 2013

L'essentiel sur le ZIZI
Pour les ados.

Sommaire :

- I- Introduction
- II- Définition
- III- Objectif de la sexualité
- IV- Identité sexuelle
- V- Sa taille
    - 1- Aspect du sexe, taille et personnalité
- VI- Vie et mort d'un zizi :
    - 1- Premières érections
    - 2- Premiers rapports
    - 3- Savoir faire l'amour
    - 4- Préservatif et prévention
    - 5- L'acte sexuel
- VII- Conclusion
- VII- Apprendre à dessiner avec un zizi
    - Un fakir
- IX- Portraits robots, blagues, expressions et citations

L'essentiel sur le ZIZI
Pour les ados.

I- Introduction : (sans jeu de mot)

Rassurez vous ici nulle étude de médecine ni cours de SVT, mais une approche divertissante et informative basées sur des données sérieuses. Nous allons utiliser l'humour un peu comme l'avais fait Pierre PERRET[1] dans sa fameuse chanson éponyme et dans l'esprit du « guide du zizi sexuel » de ZEP.
L'objectif étant d'expliquer et surtout de vous décomplexer si vous n'êtes pas à l'aise avec votre sexe.

Quel jeune n'a pas eu peur de perdre son gland en se décalottant ?
Quel adolescent ne s'est pas torturé pour savoir s'il était dans les « normes » ?
Qui ne s'est pas demandé si c'était un os ?
Qui ne s'est jamais masturbé avec un sentiment de honte et de culpabilité avec la peur au ventre d'être surprit en pleine action ?
Qui n'a pas stressé pour sa première fois voulant

---
[1] *Voir encadrés pages suivantes*

absolument être à la hauteur et décliner tout le Kamasoutra ?

Autant de questions qui vont participer à votre construction mentale.

IMPORTANT : Votre corps vous appartient et nul autre que vous peut en user ou en abuser à des fins sexuelles.

La chanson du « Zizi » de Pierre PERRET - 1974[2]

Afin de nous ôter nos complexes
Ô gué, ô gué
On nous donne des cours sur le sexe
Ô gué, ô gué
On apprend la vie secrète
Des angoissés d' la bébête
Ou de ceux qui trouvent dégourdi
De montrer leur bigoudi
Une institutrice très sympathique
Nous en explique toute la mécanique
Elle dit nous allons planter le décor
Ô gué, ô gué
De l'appareil masculin d'abord
Ô gué, ô gué
Elle s'approche du tableau noir
On va p' têt' enfin savoir
Quel est ce monstre sacré qui a donc tant de pouvoir
Et sans hésiter elle nous dessine
Le p'tit chose et les deux orphelines

{Refrain:}
Ô gué, ô gué

Tout tout tout
Vous saurez tout sur le zizi
Le vrai, le faux
Le laid, le beau
Le dur, le mou
Qui a un grand cou
Le gros touffu
Le p'tit joufflu
Le grand ridé
Le mont pelé
Tout tout tout tout
Je vous dirai tout sur le zizi

Des zizis y'en a d'toutes les couleurs
Ô gué, ô gué
Des boulangers jusqu'aux ramoneurs
Ô gué, ô gué
J'en ai vu des impulsifs
Qui grimpaient dans les calcifs
J'en ai vu de moins voraces
Tomber dans les godasses
Çui d'un mécanicien en détresse
Qui a jamais pu réunir ses pièces
Y a le zizi tout propre du blanchisseur
Et celui d'un juif cossu

---

[2] *Source : sur http://www.parolesmania.com où vous pourrez aussi l'écouter et la télécharger.*

Celui qui amidonne la main de
ma sœur
Ô gué, ô gué
J'ai vu le zizi d'un curé
Avec son p'tit chapeau violet
Qui juste en pleine ascension
Fait la génuflexion
Un lever de zizi au crépuscule
Et celui du pape qui fait des
bulles

{au refrain}

Le zizi musclé chez le routier
Ô gué, ô gué
Se reconnaît à son gros col
roulé
Ô gué, ô gué
J'ai vu le zizi affolant
D'un trapéziste ambulant
Qui apprenait la barre fixe à
ses petits-enfants
L'alpiniste et son beau pic à
glace
Magnifique au-dessus des
Grandes Jorasses
J'ai vu le grand zizi d'un p'tit
bedeau
Ô gué, ô gué
Qui sonne l'angélus les mains
dans le dos
Ô gué, ô gué
Celui d'un marin breton
Qui avait perdu ses pompons

Qui mesurait le tissu
Celui d'un infirmier
d'ambulance
Qui clignotait dans les cas
d'urgence

{au refrain}

J'ai vu le p'tit zizi des aristos
Ô gué, ô gué
Qui est toujours au bord de
l'embargo
Ô gué, ô gué
J'ai roulé de la pâtisserie
Avec celui de mon mari
Avec celui d'un Chinois
J'ai même cassé des noix
Avec un zizi aux mœurs
incertaines
J'ai même fait des ris de veau
à l'ancienne

{au refrain}

II- Définition :

A l'instar de certaines divinités le zizi, dont l'appellation officielle est PENIS ou VERGE, possède un nombre incalculable de surnoms qu'il paraît impossible de recenser tellement notre vocabulaire est riche à ce sujet (liste non exhaustive à compléter par chacun de vous).

On connait :

- **Les plus officiels :** phallus, ithyphalle, verge, sexe, membre viril, …

  _____
  _____

- **Les plus communs :** bite, zob, zobi, pine, gland, quéquette, bout, engin, membre, organe, …

  _____
  _____

- **Les plus familiers :** queue, engin, braquemart, têtard, petit jésus, outils, bazar, dard, tringle, trique, vit, pieu, jonc, levier, biroute, braque, chinois, frétille, frétillette, guignol, gourdin, mailloche, mât, matraque, l'aspergeur, paf, p'tit Gaston, polduk, teub, trompe, tube, tich, …

  _____
  _____

L'essentiel sur le zizi – par MALOTRUF

- **Les plus mignons :** bistouquette, stouquette, rabistouquette, zézette, kiki, pipi, robinet, zigounette, baigneur, bébête, popol, zoziau, zizouille, bitoune, scoubidou, ...

- **Les plus originaux :** z'guègue, z'boub, bigoudi, petit oiseau, bouchon, durite, menhir, goupillon, cornet, ...

- **Les plus imagés :** démonte pneu, barre à mine, thermomètre à moustache, bijou de famille, manche à balais, service 3 pièces, tête chercheuse, bâton de Manioc, bâton de berger, barreau de chaise, levier de vitesse, calibre 12, grand chauve, rouleau de printemps, poutre de Bamako, marteau pilon, le concombre galant, l'asperge d'édredon, l'andouille à col roulé, le bâton de chair, le bâton à un bout, le bâton qui rend fou, la flûte de pan-pan, la flûte à un trou, la béquille, la manivelle du sapeur, le marteau à boules, la seringue à perruque, le coq hardi, l'herbe qui croit dans la main, le

bonheur des dames, le roseau bandant, la glace 2 boules, ...

_____

_____

- **Les plus moqueurs :** nouille, nem, vers de terre, mollusque, asticot, vermisseau, bigorneau, vermicelle, ...

_____

_____

- **Les plus comestibles :** poireau, radis, salsifis, banane, concombre, courgette, asperge, cornichon, boudin, saucisse, morteau, réglisse, sucette, sucre d'orge, esquimau, baguette, ...

_____

_____

- **Et quelques régionaux :** linga ou lingam, priape, biloute , ...

_____

_____

Chez l'homme, il en existe de toutes sortes : des petits, des gros, des noirs des jaunes, des doubles, des circoncis, des hermaphrodites[3], etc. mais aussi chez les animaux.

_____

[3] *Qui sont à la fois mâle et femelle*

On n'abordera pas ce sujet ici, mais sachez que tous les mammifères mâles sont dotés d'un pénis et que ses dimensions varient de 5 millimètres chez la musaraigne à prêt de 2,4 mètres chez la baleine (inutile de rêver, vous ne sauriez quoi en faire !!!).

> IMPORTANT :
> **l'équivalent féminin du zizi est le clitoris** ça peut vous être utile de le savoir !!!

III- Objectif de la sexualité.

En dehors de sa fonction urinaire, votre zizi est avant tout **un organe reproducteur**. Les mâles en sont dotés pour féconder les femelles et perpétuer l'espèce humaine.

Pour favoriser l'acte sexuel l'évolution y a associé la notion de plaisir. Non pas comme une fin en soi, mais comme un stimulant des ardeurs réciproques.

A l'origine, l'être humain était un quadrupède qui se déplaçait les fesses en l'air, le nez près du sol et qui était très sensible aux odeurs. Son envie sexuelle était stimulée en permanence par les phéromones[4] dégagées par les femelles en période de fertilité (hors règles). Il y avait un mâle dominant qui monopolisait toutes les femelles et laissait peu de place à ses congénères (heureusement ça a changé).

Puis l'être humain est passé à la position debout.
Le mâle ne pouvant plus détecter les périodes de fertilité des femelles et il dû élaborer des stratagèmes de séduction pour le découvrir et les amener à s'offrir à lui.

---

[4] *Hormones sexuelles odorantes*

Dans notre société, du fait des croyances religieuses, la sexualité n'est acceptée que pour concevoir des enfants et perpétuer l'espèce. Dans ce cadre, le sexe pour le plaisir est tabou, voir honteux.

Pendant longtemps les hommes fortunés (rois, nobles, notables, bourgeois) se mariaient pour avoir une descendance, contracter des alliances et avaient des concubines pour le plaisir. Il eu été dégradant de traiter sa femme comme une maitresse voire une prostituée.

Avec mai 68 les choses ont bougées. La sexualité c'est libérée et le plaisir est devenu un objectif en soi. Nul besoin de vouloir d'enfant pour la pratiquer.

IV- Identité sexuelle :

Avoir un zizi va déterminer votre appartenance sexuelle, donc votre éducation, donc votre comportement, donc votre affiliation à un groupe social.

Si en théorie la femme est l'égale de l'homme, c'est loin d'être vrai dans les faits en raison du poids des traditions et des vieilles habitudes. Même si la tendance est à l'amélioration, n'oubliez pas que nous sommes dans une société et un monde principalement patriarcaux[5]. Les hommes se sont d'ailleurs autoproclamés **le SEXE FORT**. Ils en sont tellement imbus, qu'ils ont adoptés un tempérament machiste[6] persistant.

Ainsi, certains d'entre vous ne seront pas à l'aise avec leur corps car :

- 5 à 10% d'entre vous seront attirés par des personnes du même sexe qu'eux (homosexualité) voire par les 2 sexes sans distinction (bisexualité). Bien que ceci ne soit pas un vice, mais vous aurez du mal à l'assumer car la société est encore réticente à l'accepter (voir la récente polémique du mariage gay)

- D'autres se sentiront plus d'affinité avec le sexe opposé. Dans des cas extrêmes, cela peu mener à

---

[5] *Qui est dirigée par les hommes*
[6] *Qui dénigre la femme comme inférieure*

des envies de transsexualité[7]. C'est souvent le cas pour les personnes nées hermaphrodites[8] que les conventions sociales et les normes obligent à choisir entre l'un ou l'autre sexe (le plus souvent ce sont les parents qui décident d'élever leur enfant suivant leur choix, mais parfois celui-ci ne correspond pas à la nature profonde de la personne d'où un mal être et une crise d'identité).

Sachez être ce que vous êtes et l'assumer, vous n'en serez que plus heureux.

Qui suis-je ?
Homme ou femme ?

---

[7] *Action de se faire opérer pour changer de sexe (environ 15000 personnes en France actuellement)*
[8] *Environ 500 cas répertoriés en France et cette particularité représenterait environ 1/100 000ème de la population mondiale*

Séquence culturelle : pour ceux qui veulent en savoir plus, voici ce que dit Wikipédia du zizi :
(quelques lignes de prise de tête en raison des noms latin que vous pouvez squeezer en allant droit au chapitre suivant, mais je vous promets, après c'est fini).

Le pénis humain se constitue de trois couches de tissu :

- *les deux corps caverneux (corpora cavernosa penis), et*
- *le corps spongieux (corpus spongiosum penis) sous eux.*

Le bout distal du corps spongieux élargi et côniforme constitue le gland du pénis (glans penis). Le gland est entouré par le prépuce (preputium), un pli de peau qui peut se retirer pour découvrir le gland. Le prépuce s'attache au-dessous du gland par une bande de peau, le frein.

L'urètre (urethra), qui constitue la dernière partie du tractus urinaire, traverse le corps spongieux ; sa sortie, le méat urétral (meatus urethralis), se trouve au bout du gland. L'urètre sert également à la miction[9] et à l'éjaculation.

Le pénis est capable d'érection lors de stimulation sexuelle, ce qui permet le coït. L'éjaculation accompagne la plupart du temps l'orgasme.

L'anatomie du pénis humain se distingue de celle du pénis de la plupart des autres mammifères par l'absence

---

[9] *Action d'uriner*

de baculum, un os qui sert à ériger le pénis avant l'acte de copulation. Les corps caverneux du pénis humain se gorgent de sang pour atteindre l'érection.

Le pénis humain est un peu plus important, relativement à la masse corporelle, que celui des autres mammifères.

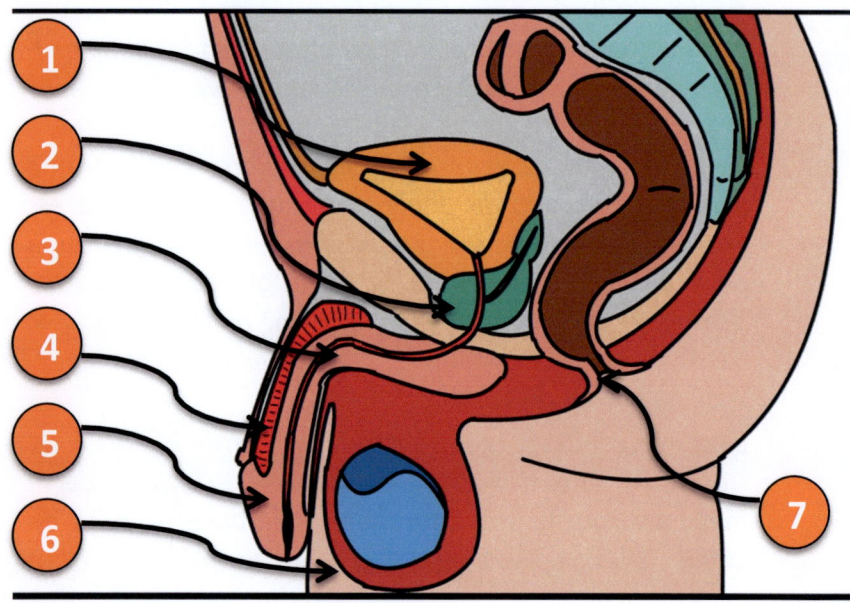

	Légende :
1	Vessie
2	Prostate
3	Canal génital et urinaire débouchant sur le méat
4	Corps caverneux (qui accueille l'afflux de sang)
5	Gland recouvert de son prépuce
6	Bourse contenant les testicules
7	Anus

Ce schéma répond à 2 des questions posées en préambule, c'est à dire :

- Qu'il n'y a pas d'os dans votre zizi (donc pas de risque de fracture, mais des risques de foulure)

- Que vous ne risquez en aucun cas de perdre votre gland en vous décalottant puisque celui-ci est en parfaite continuité de votre verge (si vous êtes circoncis, vous le savez déjà)

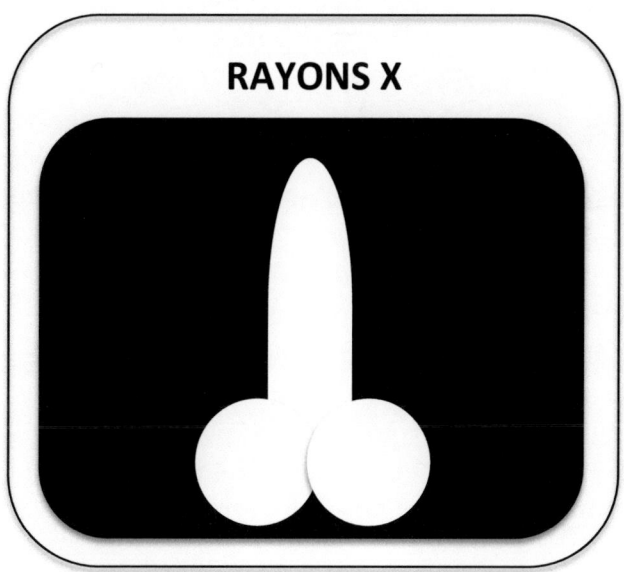

Et oui, il n'y a pas d'os !!!

Mais revenons au principal qui vous préoccupe :
V- SA TAILLE

Et oui, comme chaque homme votre personnalité va se construire inconsciemment autour de la taille de votre pénis. On a beau vous dire que ce n'est pas ça qui vous rendra plus désirable ou performant, cet aspect de votre anatomie vous obsède car mis de plus en plus en avant. Comme tout adolescent vos seules sources de référence sont les sites pornographiques et les films X[10] du même acabit. Influencés par cette « culture » vous êtes convaincus que plus elle sera grosse et longue, plus vous impressionnerez les filles et serez jalousés des copains.

 Cette obsession atteint chez vous un tel paroxysme que les filles disent de vous que c'est votre deuxième cerveau et que lui seul décide de votre comportement (ce qui est d'autant plus vrai que vous êtes dans une phase où les hormones vous façonnent le corps).
Ce que vous oubliez, c'est que les filles, même si elles peuvent fantasmer sur de gros zizis, ne sont généralement pas constituées pour les accueillir. Au contraire, certaines en ont même une peur bleue surtout quand il s'agit de leur première fois.

Comme vous avez pu le constater, nous ne sommes pas tous égaux à ce sujet. La taille varie d'un individu à

---

[10] Qui contient des scènes violentes ou dégradantes inappropriées aux mineurs

l'autre que ce soit entre frères ou étrangers, mais aussi entre ethnies.

En France, la taille moyenne est de 16,01cm (inutile de sortir votre mettre ruban, si vous l'avez plus longue que la couverture de ce livre, vous êtes dans cette moyenne). Elle varie suivant les pays de 9,66cm en Corée (nord et sud) à 17,93cm au Congo d'où la réputation des noirs et des Africains en général.

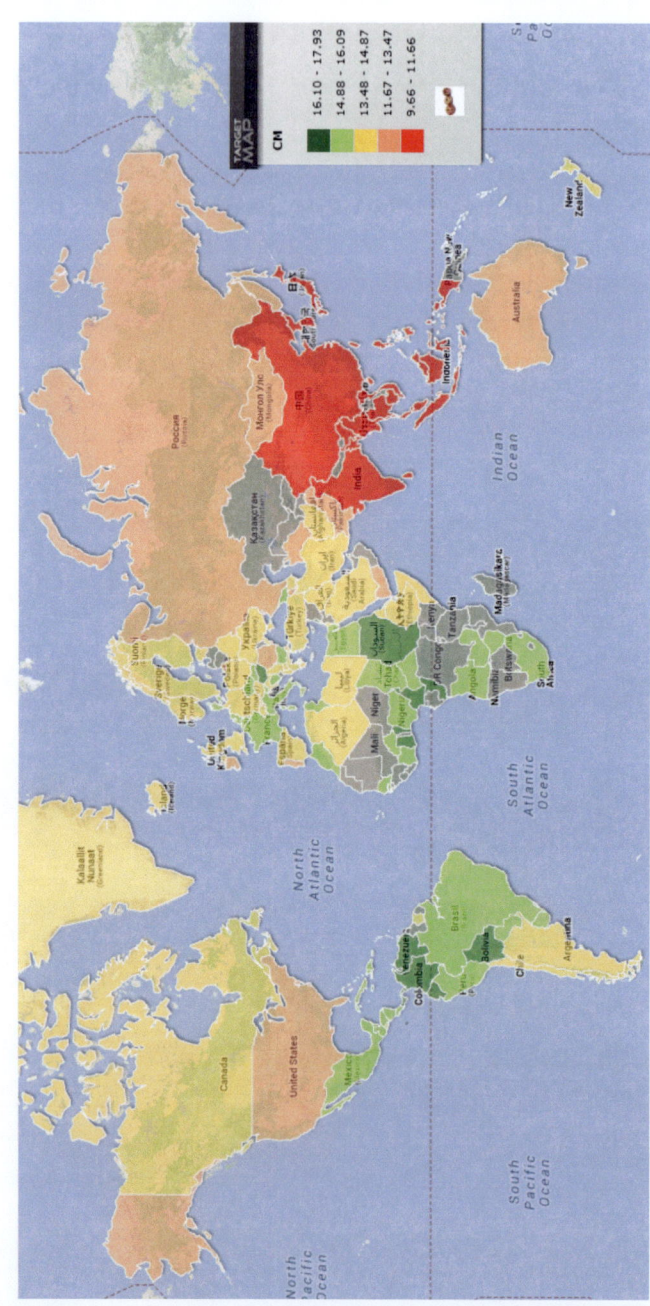

La taille des pénis dans le monde [4]

Pour les curieux, voici un classement mondial par pays de la taille moyenne du sexe masculin en érection[11]

- **Congo avec 17.93 cm**
- *Équateur avec 17.77 cm*
- *Ghana avec 17.31 cm*
- *Colombie et Venezuela avec 17.03 cm*
- *Liban avec 16.82 cm*
- *Cameroun avec 16.67 cm*
- *Bolivie et Hongrie avec 16.51 cm*
- *Soudan avec 16.47 cm*
- *Jamaïque avec 16.3 cm*
- *Panama avec 16.27 cm*
- *Bénin avec 16.2 cm*
- *Brésil avec 16.1 cm*
- *Pérou avec 16.03 cm*
- **France et Haïti avec 16.01**

Et le bas du classement, en partant du plus petit :
1. **Corée du Nord et Corée du Sud avec 9.66 cm**
2. Cambodge avec 10.04 cm
3. Thaïlande avec 10.16 cm
4. Inde avec 10.24 cm

L'homme ayant le plus gros sexe connu s'appelle Jonah Falcon **avec 34 cm de long** soit l'équivalent d'une bouteille de vin en longueur comme en largeur.
(On se demande ce qu'il peut en faire ? Et ce n'est pas sûr que ça le rende plus heureux en amour.)

---

[11] Source : « l'autre info.net »

Ces chiffres qui peuvent vous rassurer si vous êtes dans la norme ou vous complexer à mort si vous êtes en dessous vont inconsciemment construire votre personnalité.

1- Aspect du sexe taille et personnalité

L'aspect de votre zizi (proportions, forme) est important pour vous sentir bien dans votre peau. Toutefois, le vôtre peut être atypique :

- Tordu
- En bouteille
- Avec un gros gland
- Un prépuce qui décalotte mal
- Des excroissances de chair ou des verrues
- Etc …

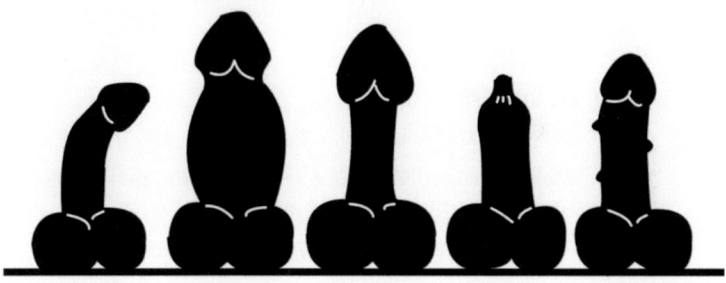

Si cela vous inquiète au point d'être inhibé, n'hésitez pas à consulter un médecin qui vous rassurera ou vous orientera vers un spécialiste si nécessaire.

Selon le magazine en ligne The Frisky, il existe un lien direct entre la taille du pénis d'un homme et sa personnalité. A savoir...[12]

---

[12] *Source : 7sur7.be*

- ***Grand*** Depuis qu'il a découvert que son pénis était plus grand que ceux de la majorité de ses petits camarades de vestiaires, cet homme se prend pour Dieu. L'attention qu'il reçoit des femmes fait du bien à son ego déjà surdimensionné. En gros, à part le sexe, il n'a pas grand-chose à offrir.

- ***Petit*** Quand il a compris qu'il avait un plus petit sexe que la moyenne, il était un peu inquiet : « va-t-on l'aimer même s'il est diminué ? » Du coup, il s'est jeté à corps perdu dans la vie professionnelle et personnelle et a décidé que la taille de son membre n'allait pas lui dicter sa virilité. Il a donc atteint ses objectifs et pendant ses temps libres, il s'est mis à rechercher les meilleures positions pour son pénis. Maintenant, il est multi-millionnaire et est considéré comme un Don Juan du 21e siècle. Le ramener chez vous ? Oh oui ! Gardez-le même...

- **Moyen** Un pénis moyen appartient généralement à un homme moyen. On ne le repère pas forcément dans la foule. Certains sont de piètres amants, d'autres compensent leur attribut moyen par quelques efforts érotiques. Le pénis moyen, c'est comme une boîte de chocolats : on ne sait jamais ce qu'on va bien pouvoir en faire.

- **Bizarre** Ce mec est bizarre : il a un job bizarre, des passe-temps bizarres et dit des trucs qui n'ont aucun sens. Même son pantalon est étrange. Il part vers la gauche, ou vers la droite, pointe vers le bas alors que vous pensiez qu'il pointait vers le haut. En gros, ce pénis a une vie propre. Si vous avez l'occasion d'aller faire un tour avec lui, attendez-vous à une nuit sauvage.

- **Large** Agressif et intrusif, ce mec s'est auto-proclamé patron de l'univers. Sa circonférence est plus impressionnante que sa longueur, du coup il essaie de rattraper ce qu'il n'a pas avec son trop plein de personnalité. Le plus souvent, il vous le dira dès le début. Il n'a pas grand chose à proposer sous la couette.

Voilà une étude qui à de quoi rassurer ceux que dame nature a négligé et rendre moins fiers ceux qui sont mieux dotés.

VI- Vie et mort d'un zizi :

1- Premières érections.
Suivant votre précocité, vos premières érections se manifestent entre 10 et 12 ans et correspondent aux premières règles pour les filles. En général cette période est marquée par l'apparition de vos premiers poils pubiens, d'acné, de la descente de vos organes (testicules) et de la mue de votre voix. Et oui, votre corps se transforme, vos hormones fonctionnent à plein régime et vous quittez le statut d'enfant pour atteindre celui d'ado.

Elles se manifestent spontanément par une sensation agréable encore inconnue, sont souvent vigoureuses mais de courtes durées. Elles sont, à ce moment, indépendantes de tout désir sexuel. Inutile de lutter ou de rougir, ce n'est pas vous qui décidez !

> **A noter :**
> 90% d'entre vous avouent s'être masturbé au moins une fois entre 15 et 18 ans, vous voyez, vous n'êtes pas seuls !!!

A partir de là, vous remarquerez que vous vous réveillez le plus souvent en érection. Cela peut être lié à vos premiers rêves érotiques mais c'est principalement physiologique. Il peut aussi vous arriver de vous réveiller trempé. Vous n'y pouvez rien, votre sexualité étant en pleine mutation, pas besoin de stimulation pour avoir vos premières marques de plaisir.

Vous allez ressentir vos premières envies de masturbation. C'est normal, tout le monde y passe filles comme garçons. La découverte de votre corps et du plaisir que vous pouvez en tirer va largement y contribuer. La difficulté étant de pouvoir la pratiquer discrètement sans être surpris par ses proches (de grands stress en perspective) car considéré comme honteux.

Vous devenez sensibles et réceptifs à tout ce qui concerne les filles : leurs seins, leurs fesses, leurs bouches, leurs yeux, leurs chevelures, leurs odeurs. C'est souvent là aussi que vous commencez à devenir idiots, car ne connaissant rien à la psychologie féminine, vous faites tout l'inverse de ce qu'elles attendent. Vous fanfaronnez, vous faites des allusions

graveleuses, vous reluquez tout ce qui bouge votre objectif étant d'en mettre plein la vue aux copains et d'essayer par tous les moyens de trouver celle qui sera votre première fois, même si vous n'avez pas plus de sentiments que ça pour elle.

Pour nourrir votre libido naissante, vous commencez par lorgner les pages de lingerie des catalogues, puis, internet aidant, vous commencez à rechercher des sites pornographiques (ce n'est pas ce qui manque). Toutefois, méfiez vous en !!!
Bien sûr cette « documentation » abondante va vous dégourdir et lever un coin du voile des mystères du sexe, mais cela va surtout en fausser votre perception et vous faire prendre pour argent contant des comportements artificiels qui vous amènerons à des déconvenues si vous les croyez dur comme fer. **Les filles ne sont pas toutes des cochonnes.**

Même si, comme vous, elles subissent aussi l'influence de la pornographie. Toutes les pratiques présentées ne sont pas forcément à imiter.

2- Premiers rapports[13] :

Ne paniquer pas si vous tardez à avoir vos premières relations amoureuses. Sachez que l'âge moyen recensé :

- Du premier baiser est de 14 ans pour les garçons comme pour les filles

- Du premier rapport est de 17,3 ans pour les garçons et de 17,6 ans pour les filles (seuls 27% d'entre vous auront une activité sexuelle avant 16 ans)

Alors ne prêtez pas oreille à ceux qui se vantent des plus extraordinaires exploits, ils sont le plus souvent le fruit de leur imagination et de leur vantardise.

Avec qui ? :

- Pour 68 % d'entre vous avec une amie du moment
- Pour 23% avec une copine compréhensive
- Pour 2% avec une amie de vos parents
- Et pour le 1% qui reste avec une prostituée

Quand et où ?
Le plus souvent durant les vacances estivales pour 63% d'entre vous ; autrement sous le toit familial.

---

[13] Source : http://www.docteurclic.com

> A noter :
> 79% des filles sont amoureuses lors de leur premier rapport **contre** seulement 53% des garçons.
>
> 22% des filles ont un orgasme la première fois contre 75% des garçons.

Pour les 25% d'entre vous qui n'arrivent pas au plaisir les causes en sont souvent :

- Le stress
- Un lieu ou d'une situation mal adaptée
- L'abus d'alcool ou de drogues
- La mise en place d'un préservatif inadapté

C'est d'autant moins dramatique que votre partenaire est compréhensive/if. Dans le cas contraire, cela peut vous traumatiser et vous inhiber pour une période plus ou moins longue. Ne vous découragez pas, le jour où vous serez prêt tout se passera bien.

3- Savoir faire l'amour :

Maintenant que vous savez que la taille n'est pas essentielle et qu'avoir un petit sexe est plus courant qu'on le croit, il faut savoir que ce qui va satisfaire une femme c'est la fermeté de votre érection et la durée de votre rapport sexuel.
Inutile d'apprendre le kamasoutra par cœur ni de vous inspirer des films X qui présentent une vision biaisée des rapports amoureux. Votre instinct vous guidera, et votre expérience vous renforcera.

Important :
Les filles ne sont pas des objets sexuels, sachez d'autant plus les respecter et honorer le cadeau qu'elles vous font quand elles vous offrent leur virginité.

Apprenez à « chauffer » votre partenaire par quelques préliminaires en ayant pris soin au préalable de mettre en place une situation érotique (lumières tamisées, musique douce, **hygiène corporelle parfaite**).

En effet, il est toujours recommandé de se laver minutieusement avant et après un acte sexuel même si, comme on vous le recommande, vous mettez un préservatif.

> **Petit conseil pratique :**
> Pensez à uriner après tout rapport sexuel, cela limite les risques d'infection potentielle.

4- Préservatif et prévention :

Comme on vous l'assène en permanence, l'acte sexuel n'est pas sans danger. Il y a d'un coté le risque de mettre enceinte votre partenaire, mais aussi d'attraper des maladies sexuellement transmissibles appelées MST. Pour ces raisons, ayez toujours des préservatifs à disposition, même si vis à vis des parents ce n'est pas toujours facile à dissimuler et vis à vis du pharmacien d'en demander.

Achetez la juste taille sans appréhension ni honte et ne cherchez pas à faire les fanfarons ni les kékés. C'est un sujet trop important pour être pris à la légère car seuls 87% d'entre vous y pensent la première fois.

> **IMPORTANT :**
> Le préservatif n'est ni lavable, ni réversible et il ne sert qu'1 FOIS (inutile de vous munir de rustines - LOL) et ne s'échange pas.

Il en existe de toutes sortes : des plus classiques aux plus fantaisistes (couleurs, formes, goûts, etc.). L'essentiel étant de bien vous protéger ainsi que votre partenaire. Seule une confiance basée sur une fidélité réciproque pourra, à terme, vous permettre de vous en passer.

> **Conseil pratique :**
> Apprenez à le mettre en place avant d'en faire usage pour la première fois. Vous serez plus à l'aise et pourrez vous consacrer à l'essentiel : la satisfaction de votre partenaire.

Image du Net.

En cas d'oubli ou de doute sur la santé de votre partenaire ou de la vôtre, n'hésitez pas à vous faire dépister. C'est le plus souvent gratuit et anonyme.

Pour plus d'informations, voir les sites officiels :

- http://www.vihservices.fr
- http://www.info-ist.fr
- http://www.aides.org
- http://www.sida-info-service

Mode d'emploi du préservatif[14] :

1. Ouvrir l'emballage avec soin

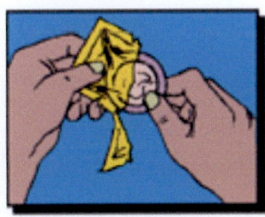

2. Dérouler le préservatif sur le pénis en érection, avant tout contact génital

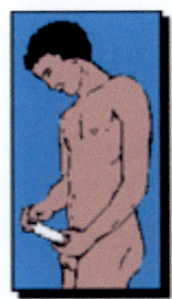

3. Veiller à le dérouler jusqu'à la base du pénis

4. Retirer le pénis encore en érection du vagin en tenant le préservatif

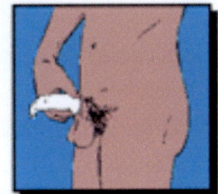

5. Le jeter en prenant ses précautions

- Le préservatif doit obligatoirement être protégé par un emballage individuel et avoir été stocké à un endroit frais et sec à l'abri de la lumière.
- Vérifiez que la date de péremption n'est pas dépassée et que l'emballage n'est pas abimé. En cas de doute, jetez-le et prenez-en un autre.
- Ouvrez l'emballage par le milieu à l'aide de vos doigts. Le préservatif ne doit pas être ouvert avec les ongles, avec une paire de ciseaux ou avec tout autre objet pouvant le perforer ou l'endommager.
- Sortez le préservatif de son emballage. Il doit se présenter sous une forme circulaire, tel un rond de plastique couvert par une membrane de latex. Ne le déroulez pas avant de le mettre.

[14] *Source Aimes-Afrique*

- évitez tout contact entre parties génitales, buccales ou anales avant d'avoir mis le préservatif.
- Le préservatif doit toujours être placé sur le pénis en érection. Placer un préservatif sur le pénis au repos peut conduire à des pincements, voire à sa perforation lors de l'érection.
- Vérifiez que votre préservatif est à réservoir, gage de sécurité. Pincez le réservoir (l'extrémité du préservatif) entre le pouce et l'index afin de chasser l'air et de faire le vide.
- Placez le préservatif sur le gland. La membrane de latex doit être au-dessous de l'anneau de plastique et non au-dessus, et le côté lubrifié doit être tourné vers l'extérieur.
- Formez avec votre pouce et votre index un anneau enserrant votre pénis et déroulez le préservatif sur sa longueur, jusqu'à atteindre la base du pénis. Ne forcez pas, cette opération peut prendre un certain temps mais ne doit pas être douloureuse. S'il ne se déroule pas bien, jetez-le et prenez-en un autre.
- Les corps gras et la vaseline sont à proscrire : ils peuvent corrompre le préservatif ou le rendre poreux.
- Au terme du rapport, le partenaire masculin se retire rapidement après l'éjaculation, en prenant garde de maintenir le préservatif à sa base afin d'éviter qu'il ne reste dans le vagin de la partenaire féminine.
- Retirez-le en le déroulant dans le sens inverse et après l'avoir de nouveau tendu, formez un nœud en son milieu pour emprisonner la semence, et jetez-le dans un endroit inaccessible.
- N'oubliez pas : N'utilisez un préservatif masculin qu'une seule fois, même à l'occasion de rapports successifs.

5- L'acte sexuel :

Sachez que contrairement à la masturbation (qui ne rend pas sourd on vous rassure) faire l'amour n'est pas un acte égoïste. Même si votre objectif est de découvrir le plaisir, vous en recevrez d'autant plus que vous saurez en donner.

N'ayez pas honte si vous partez trop vite ça peut arriver à tout monde (surtout les premières fois suivant votre niveau d'excitation), vous remettrez cela après une période plus ou moins longue de quelques minutes à quelques heures. Certains d'entre vous étant capables d'enchaîner les actes sexuels comme des marathoniens et d'autres de manière plus espacées.

La aussi, nous ne sommes pas tous égaux.

Il peut aussi être pratiqué indépendamment de tout sentiment amoureux, mais vous constaterez vite qu'il est meilleur quand on a des sentiments forts pour sa partenaire.

Les pratiques les plus courantes avec votre zizi seront dans l'ordre :
- **La masturbation** dans le cadre des préliminaires pour plus de vigueur
- **Le coït** dans la fameuse position allongée dite « du missionnaire » (voie vaginale)
- **La fellation** (voie orale)
- **La sodomie** (voie anale)

Bien que tout soit possible entre personnes consentantes et dans le respect de l'autre, toutes les pratiques ne sont pas acceptées lors des premières fois comme la fellation et la sodomie. Ne cherchez pas à les imposer. Elles viendront avec le temps l'amour aidant.

N'hésitez pas à faire preuve d'imagination ni à parler de vos fantasmes mutuels (c'est normal d'en avoir et même recommandé pour alimenter votre libido[15]). En amour il n'y a ni tabous ni interdits (en dehors des pratiques condamnées par la loi comme : l'inceste[16] et la pédophilie[17] notamment).

---

[15] *Envie sexuelle*
[16] *Acte sexuel entre personnes ayant des liens de parenté : frères, sœurs, cousins, parents et enfants*
[17] *Acte sexuel avec des enfants n'ayant pas atteint leur maturité sexuelle et plus globalement avec des - 18 ans pour les adultes. Cela*

VII- Conclusion :

Profitez judicieusement de votre sexualité sans précipitation car cette activité vous accompagnera tout au long de votre vie. Une fois pubères[18], il n'y a plus d'âge pour avoir une sexualité épanouie. Bien sûr, celle-ci variera avec le temps. Plus vous vieillirez, moins elle sera intense, mais elle existera toujours. Seuls des problèmes de santé pourront lui porter un coup fatal !
Toutefois, même si votre zizi est la source principale de votre plaisir, sachez que le reste de votre corps l'est aussi. L'impuissance (passagère ou permanente) n'est pas un drame. Le plus souvent elle se soigne, mais quand on ne peut plus rien y faire il reste les caresses. Sentir les doigts de votre partenaire gratouiller votre dos, votre tête, est un vrai délice. Le sexe est le sel de la vie, mais on peut vivre heureux sans, à partir du moment où vous vous sentez aimé.

Sachez, pour finir, que vous n'êtes pas qu'un zizi. Vous êtes une personne et que vous n'avez pas besoin d'être le meilleur amant du monde pour être aimé et réussir votre vie.

---

ne concerne pas les jeunes du même âge même s'ils ont moins de 18 ans.
[18] *Formés.*

VIII- J'apprends à dessiner avec un zizi :

UN FAKIR

1 JE COMMENCE PAR DESSINER UNE PAIRE DE FESSES

2 J'AJOUTE UN JOLI ZIZI
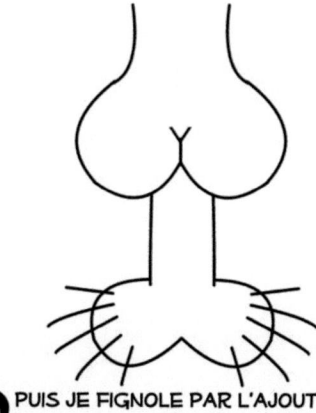

3 PUIS, LES DETAILS DU VISAGE : YEUX OREILLES, BOUCHE

4 PUIS JE FIGNOLE PAR L'AJOUT DE QUELQUES FINITIONS : TURBAN, DIAMANT

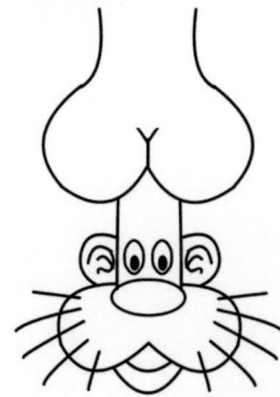 

ET VOILÀ ! JE SUIS FIER DE MON RÉSULTAT !!!

IX- Portraits robots, blagues, expressions et citations :

Découpe les 9 pages suivantes suivant les pointillés et associe zizis et coucougnettes afin de trouver le sexe qui te ressemble.

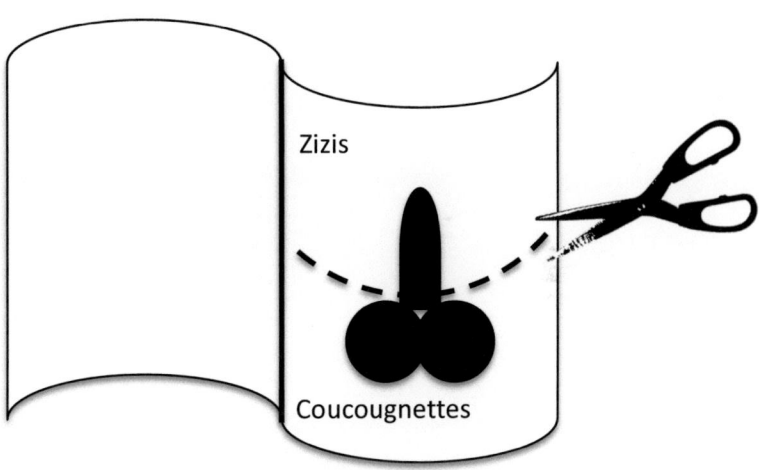

Blague :
Un Africain dit à un Français :
« Ca te dirait d'en avoir une de 40cm ? »
Le Français : « Bien sûr ! »
L'Africain : « Alors fait comme moi, plie la en 2 ! »

Expression :
Tête de pine

1- Gros zizi large

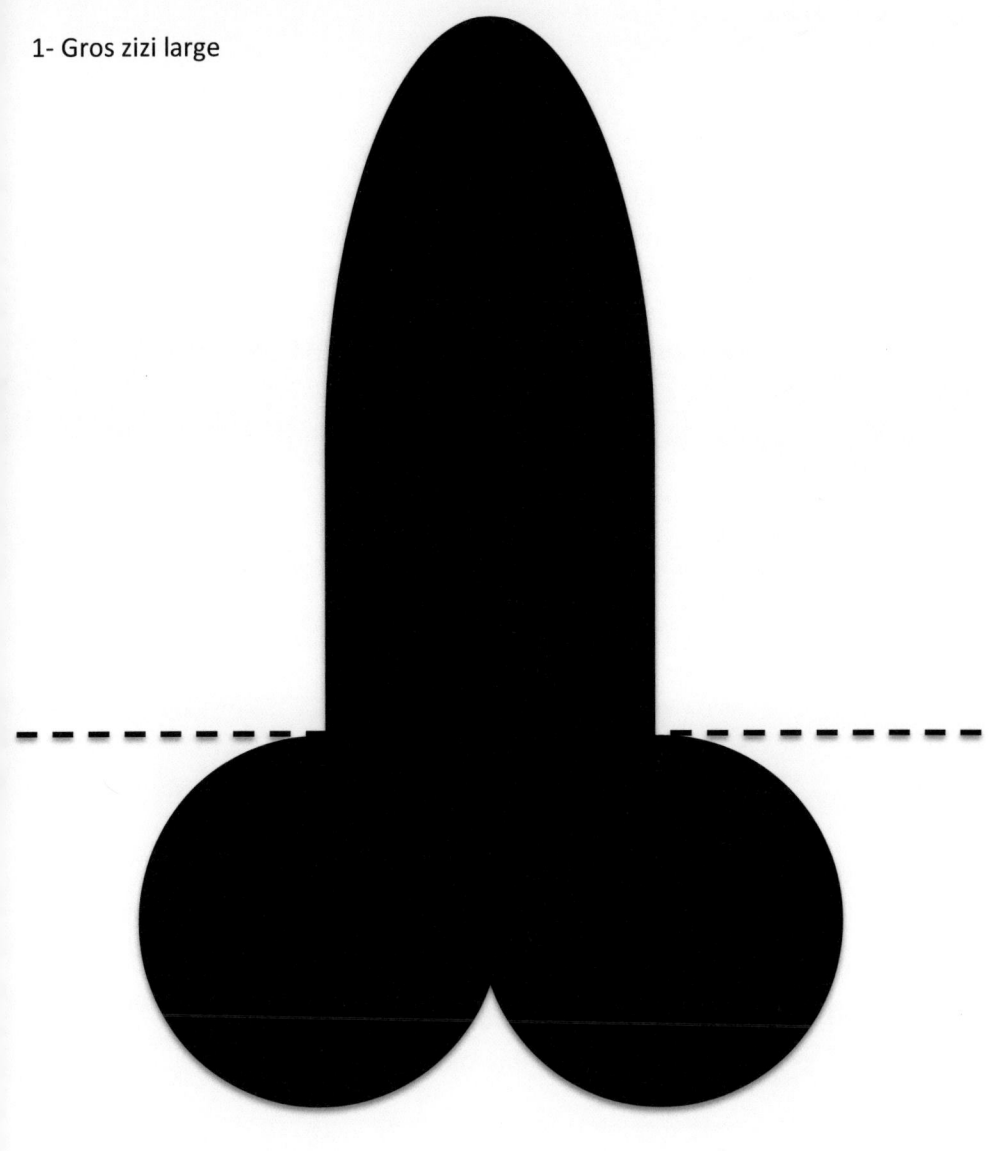

A- Grosses coucougnettes

L'essentiel sur le zizi – par MALOTRUF   45

Blague :
Un Africain et un Français sont pris d'une envie de pipi en pleine nature. Ils s'approchent d'une rivière pour s'y soulager et le Français dit :
« Le fond de l'air est frais ! »
L'Africain lui répond : « Et le fond de l'eau aussi ! »

Expression :
Il a une bite à la place du cerveau

2- Zizi moyen large

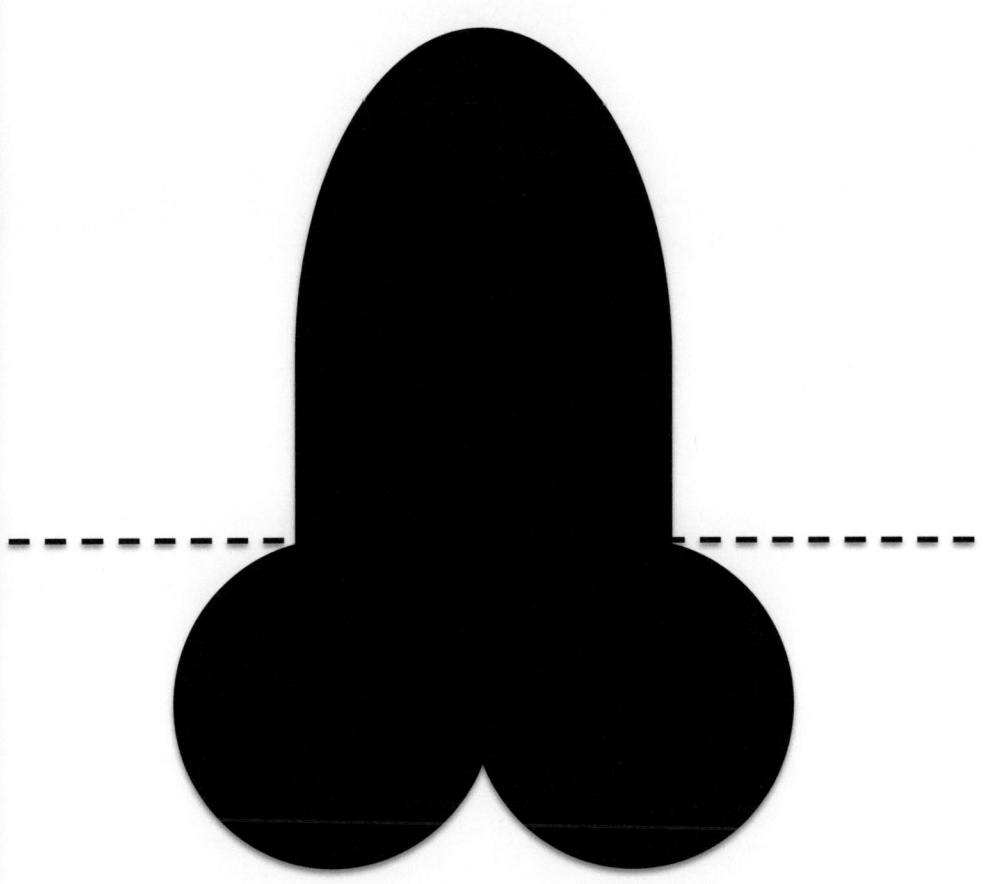

B- Coucougnettes moyennes

Blague :
2 amis discutent :
« Tu connais un truc pour te faire sucer gratuitement ? »
« Bien sûr ! Tu vas dans une zone bien poissonneuse, tu baisses ton maillot de bain et tu attends ! »
« Ah oui ! Et ça marche ? »
« A tous les coups, sauf qu'un jour je l'ai dit à un pote et que celui-ci l'a fait dans l'Amazone et s'est fait bouffé par les piranhas ! »

Expression :
En peau de zob

3- Petit zizi large

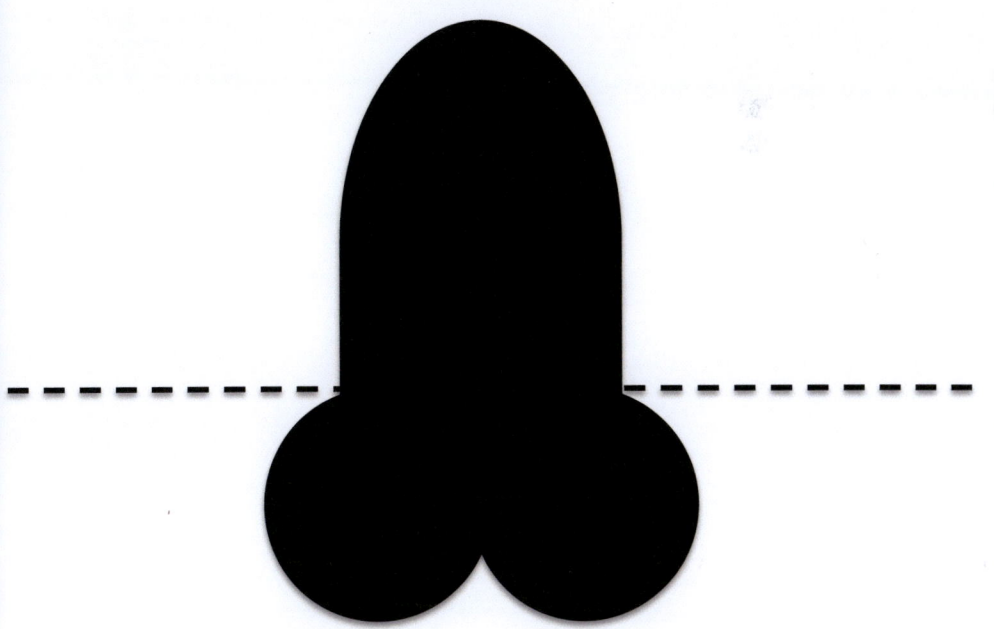

C- Petites coucougnettes

Blague :
2 puces discutent :
« J'était bien installée au chaud dans un slip quand le me suis endormie, et je me suis réveillée brusquement dans la moustache d'un motard ! »

Expression :
Se peller le jonc

4- Zizi moyen large

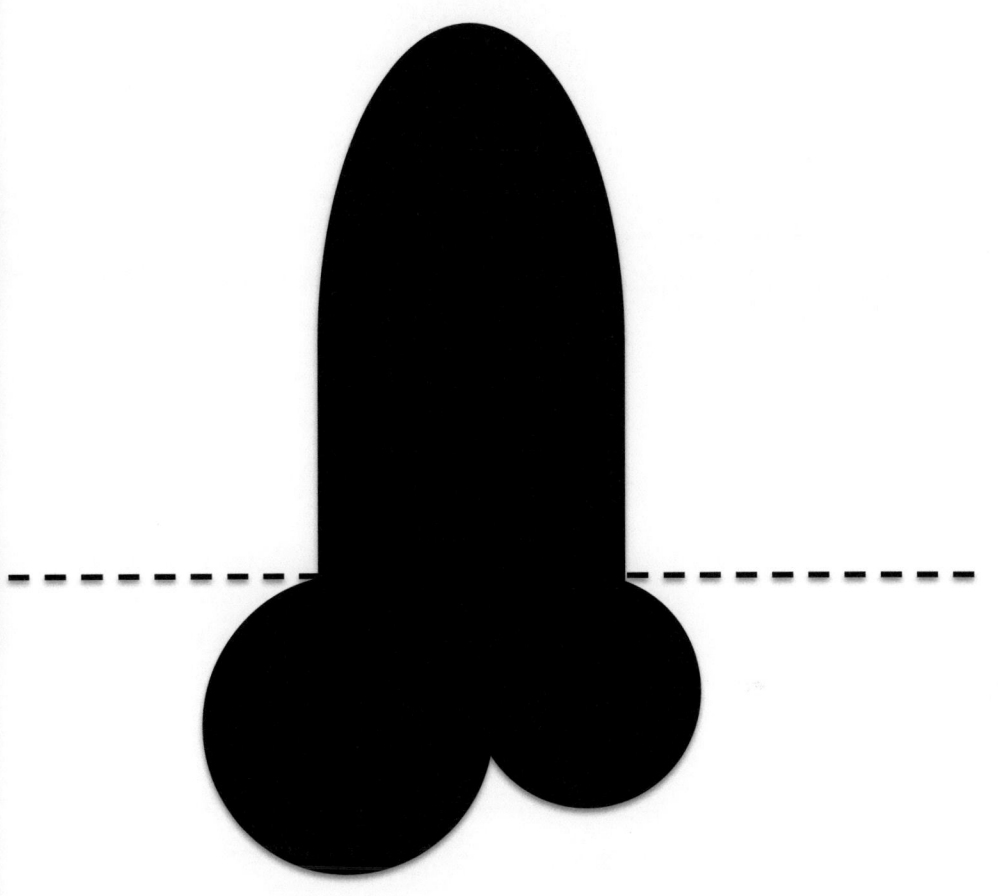

D- Coucougnettes asymétriques 1

Blague :
Un vieux monsieur :
« Plus je vieilli plus j'ai de force ! Avant je ne pouvais pas la plier, maintenant je fais des nœuds avec ! »

Expression :
Il n'a pas de couilles
ou
C'est une couille molle

5- Zizi moyen

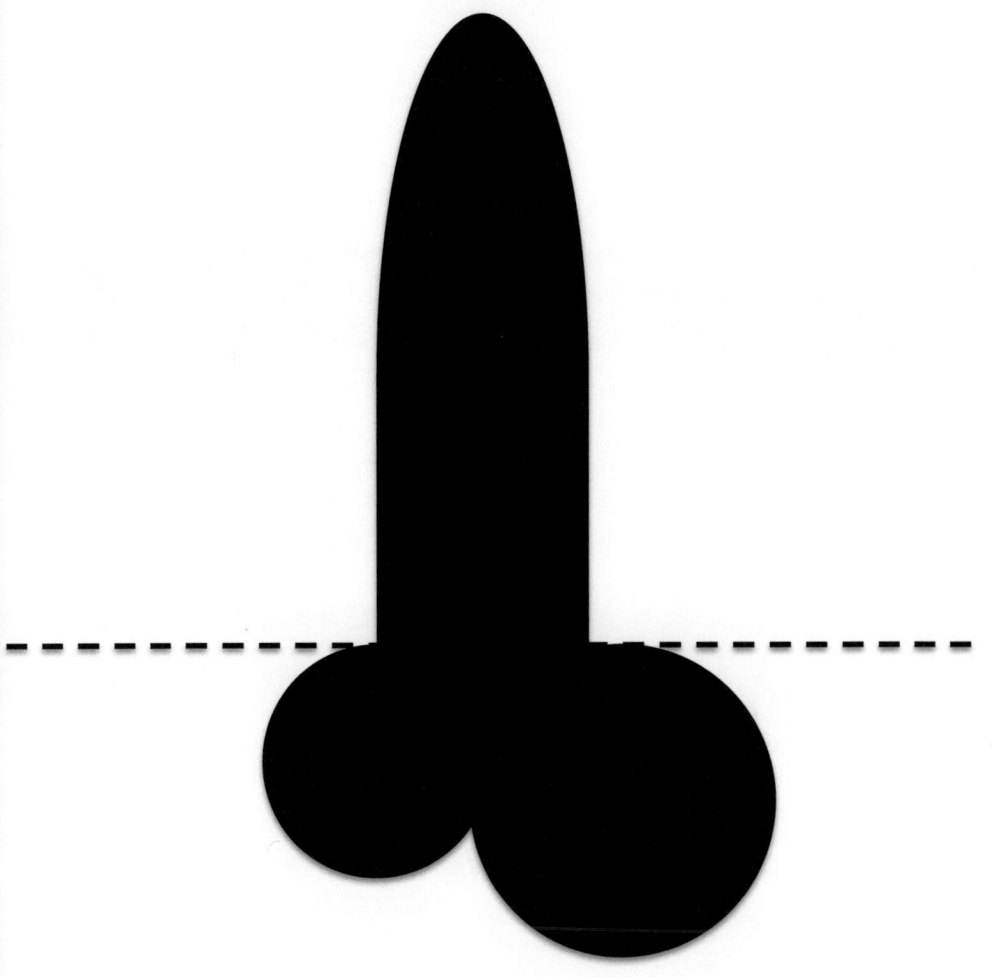

F- Coucougnettes asymétriques 2

L'essentiel sur le zizi – par MALOTRUF

Blague :
Quelle est la capitale du viagras ?
Le Boukistan (le bout qui se tend !)

Expression :
P'tite bite

6- Petit zizi

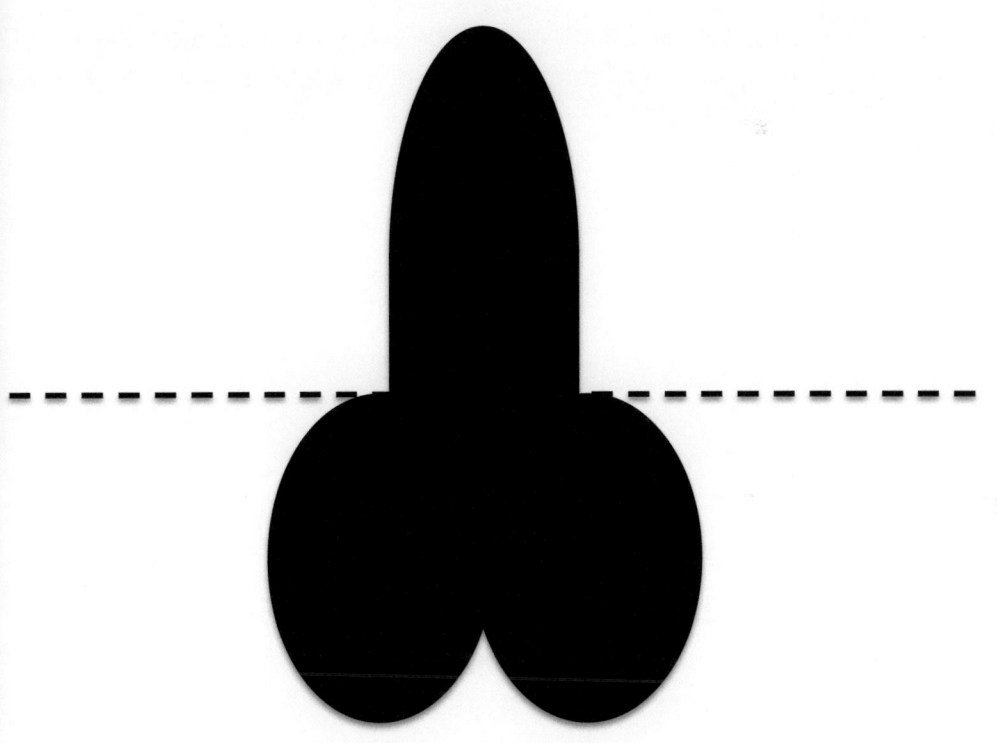

F- Coucougnettes pendantes

Blague :
Un vieux monsieur décide de relancer sa libido en achetant du viagra. Ayant retrouvé une érection en béton armé, il appelle sa femme qui arrive de suite en petite tenue.
Aussitôt son érection retombe et au vieux monsieur de dire : « inutile de courir, elle t'a reconnu ! »

Citation :
« Les femmes mariées sont comme les serrures : toutes ont leurs pennes. »
Louis Auguste Commerson

7- Gros zizi tordu droit

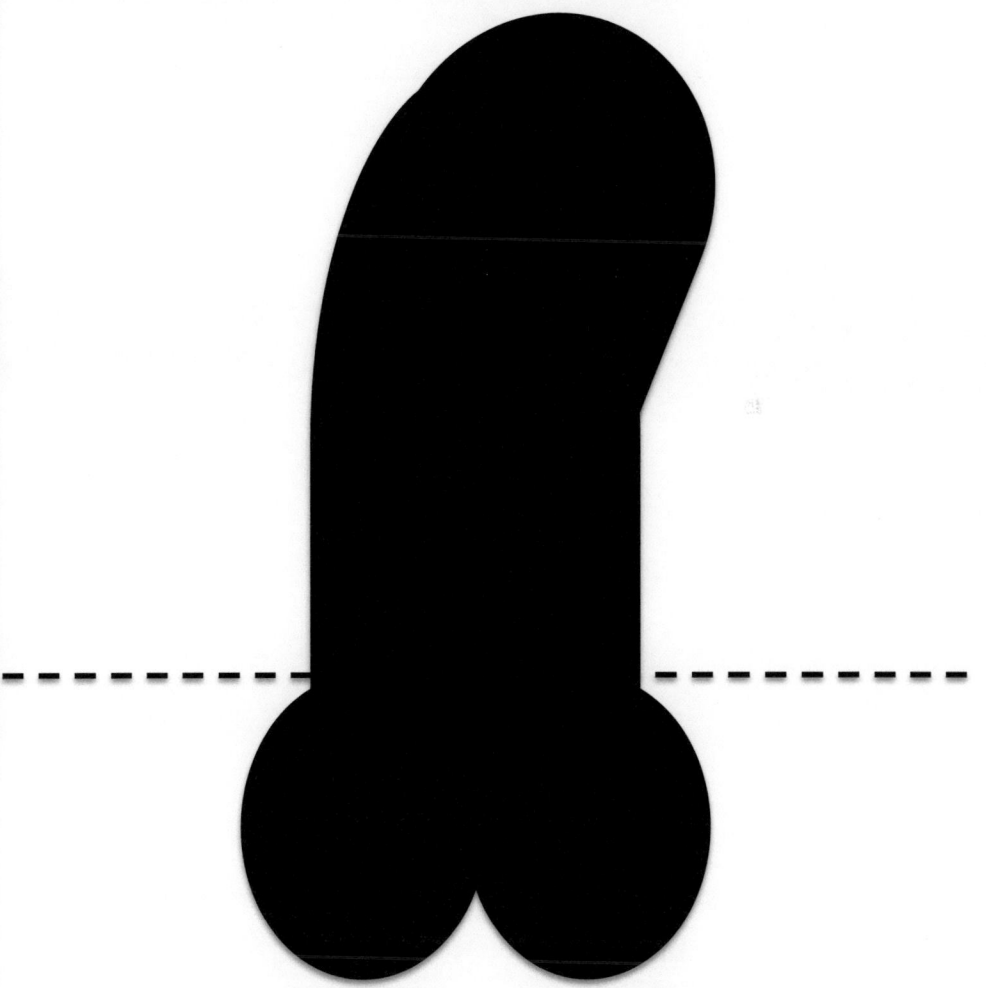

G- Coucougnettes hautes

Blague :
Deux chocolats discutent :
A quoi reconnaît-on l'homme ?
C'est celui qui porte les noisettes

Citation :
« Pénis : Un instrument des plus capricieux, sur qui l'on ne peut guère compter, encombrant quand il ne sert à rien, absent quand on aurait besoin de lui, partageant rarement les idées de son propriétaire, bref une source de contrariétés sinon de tracas. »
Jean Dutourd

8- Gros zizi tordu gauche

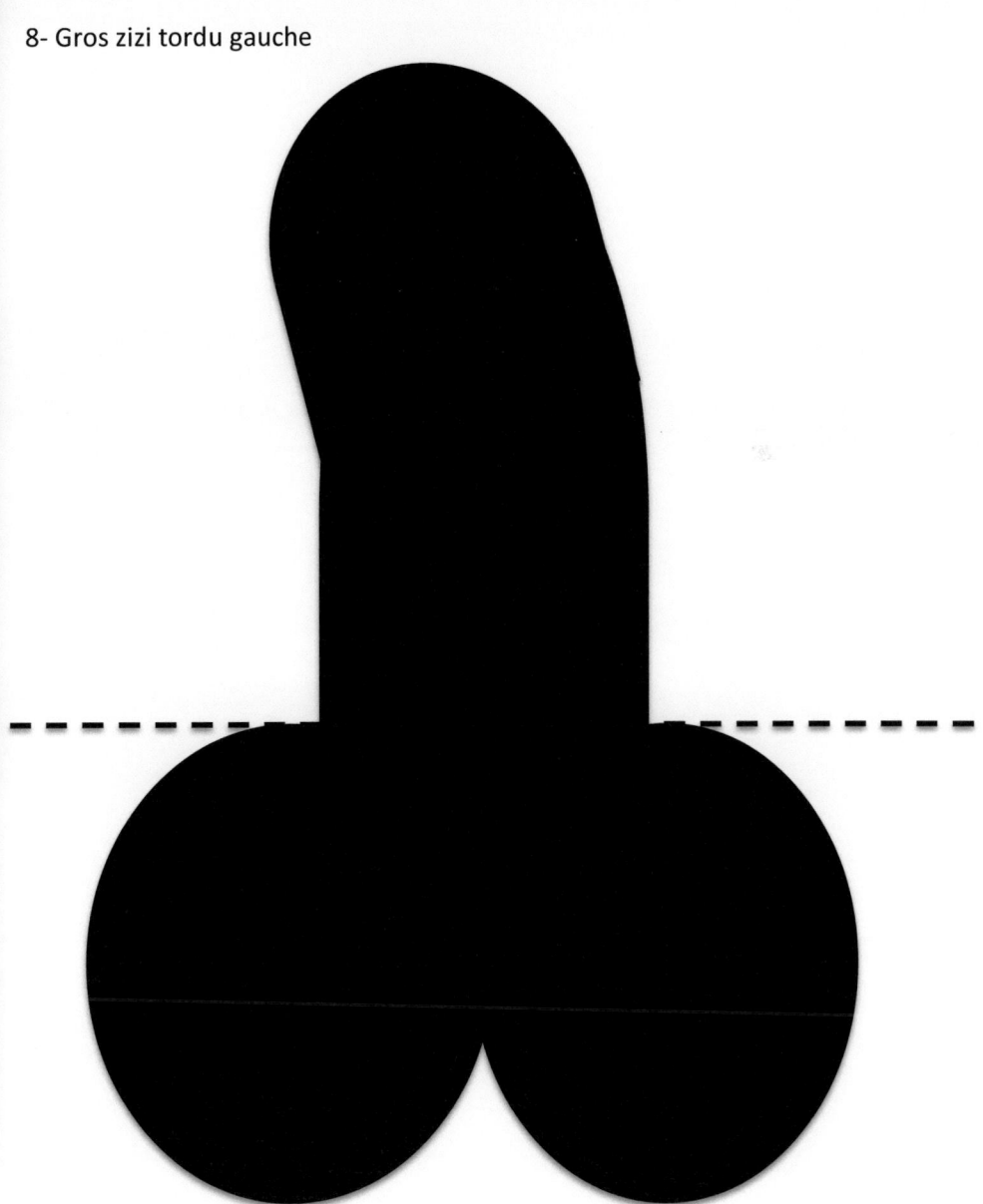

H- Coucougnettes hypertrophiées

Blague :
C'est l'histoire de trois mecs qui couchent dans une tente... au petit matin, l'un des trois raconte aux autres qu'il a rêvé qu'on lui caressait le zizi. Un des autres s'exclame que lui aussi a rêvé à ça ! Le gars qui a dormi dans le milieu dit
- Moi j'ai rêvé que je faisais du ski de fond...

Expression :
Il est bête à bouffer de la bite

9- Zizi gros gland

I- Coucougnettes aplaties

Blague :
Pouvez-vous me citer les trois tailles de préservatif ?
- Petit, moyen et vantard.

Citation :
« Tandis que le garçon se recherche dans le pénis en tant que sujet autonome, la fillette dorlote sa poupée et la pare comme elle rêve d'être parée et dorlotée; inversement, elle se pense elle-même comme une merveilleuse poupée. »
Le Deuxième Sexe (1949)
Simone de Beauvoir

Préservatif offert* :

Pour recevoir votre préservatif, veuillez vous connecter sur « malotruf.jimdo.com » ou sur « lessentielduzizi.jimdo.com », aller sur « contact » et renseigner dans la case « message » votre nom et vos adresses mail et postale ainsi que la copie de votre preuve d'achat.

* *Votre préservatif sera envoyé sous 15 jours dans la limite des stocks disponibles.*
Offre valable en France métropolitaine uniquement.

Nota : toutes les images signée EM13 sont téléchargeables sur : malotruf.jimdo.com et sur lessentielduzizi.jimdo.com
Les autres sont issues du net.